优秀技术工人
百工百法丛书

黄丽娜工作法

洋葱式四层精剥金融服务

中华全国总工会 组织编写

黄丽娜 著

中国工人出版社

技术工人队伍是支撑中国制造、中国创造的重要力量。我国工人阶级和广大劳动群众要大力弘扬劳模精神、劳动精神、工匠精神，适应当今世界科技革命和产业变革的需要，勤学苦练、深入钻研，勇于创新、敢为人先，不断提高技术技能水平，为推动高质量发展、实施制造强国战略、全面建设社会主义现代化国家贡献智慧和力量。

——习近平致首届大国工匠
创新交流大会的贺信

序

党的二十大擘画了全面建设社会主义现代化国家、全面推进中华民族伟大复兴的宏伟蓝图。要把宏伟蓝图变成美好现实，根本上要靠包括工人阶级在内的全体人民的劳动、创造、奉献，高质量发展更离不开一支高素质的技术工人队伍。

党中央高度重视弘扬工匠精神和培养大国工匠。习近平总书记专门致信祝贺首届大国工匠创新交流大会，特别强调“技术工人队伍是支撑中国制造、中国创造的重要力量”，要求工人阶级和广大劳动群众要“适应当今世界科技革命和产业变革的需要，勤学苦练、深入钻研，勇于创新、敢为人先，不断提高技术技能水平”。这些亲切关怀和殷殷厚望，激励鼓舞着亿万职工群众弘扬劳模精神、劳动精神、工匠精神，奋进新征程、建功新时代。

近年来，全国各级工会认真学习贯彻习近平总书记关于工人阶级和工会工作的重要论述，特别是关于产业工人队伍建设改革的重要指示和致首届大国工匠创新交流大会贺信的精神，进一步加大工匠技能人才的培养选树力度，叫响做实大国工匠品牌，不断提高广大职工的技术技能水平。以大国工匠为代表的一大批杰出技术工人，聚焦重大战略、重大工程、重大项目、重点产业，通过生产实践和技术创新活动，总结出先进的技能技法，产生了巨大的经济效益和社会效益。

深化群众性技术创新活动，开展先进操作

法总结、命名和推广，是《新时期产业工人队伍建设改革方案》的主要举措。为落实全国总工会党组书记处的指示和要求，中国工人出版社和各全国产业工会、地方工会合作，精心推出“优秀技术工人百工百法丛书”，在全国范围内总结100种以工匠命名的解决生产一线现场问题的先进工作法，同时运用现代信息技术手段，同步生产视频课程、线上题库、工匠专区、元宇宙工匠创新工作室等数字知识产品。这是尊重技术工人首创精神的重要体现，是工会提高职工技能素质和创新能力的有力做法，必将带动各级工会先进操作法总结、命名和推广工作形成热潮。

此次入选“优秀技术工人百工百法丛书”作者群体的工匠人才，都是全国各行各业的杰出技术工人代表。他们总结自己的技能、技法和创新方法，著书立说、宣传推广，能让更多人看到技术工人创造的经济社会价值，带动更多产业工人积极提高自身技术技能水平，更好地助力高质量发展。中小微企业对工匠人才的孵化培育能力要弱于大型企业，对技术技能的渴求更为迫切。优秀技术工人工作法的出版，以及相关数字衍生知识服务产品的推广，将对中小微企业的技术进步与快速发展起到推动作用。

当前，产业转型正日趋加快，广大职工对于技术技能水平提升的需求日益迫切。为职工群众创造更多学习最新技术技能的机会和条件，传播普及高效解决生产一线现场问题的工法、技法和创新方法，充分发挥工匠人才的“传帮带”作用，工会组织责无旁贷。希望各地工会能够总结、命名和推广更多大国工匠和优秀技术工人的先进工作法，培养更多适应经济结构优化和产业转型升级需求的高技能人才，为加快建设一支知识型、技术型、创新型劳动者大军发挥重要作用。

中华全国总工会兼职副主席、大国工匠

高凤林

作者简介
About The Author

黄丽娜

1987 年出生，经济师，中国农业银行浙江温州瑞安仙降支行副行长兼客户经理，“黄丽娜劳模创新工作室”领衔人。

曾获得“全国五一劳动奖章”“中国农业银行劳动模范”“中国农业银行五一劳动奖章”“最美温州人”等荣誉和称号，黄丽娜“洋葱”工作法被授予浙江省财贸系统以职工名字命名的品牌服务操作法。

2014 年，黄丽娜成为农行温州分行历史上首位年度业务量超过 10 万笔的柜员，平均每天业务量近 400 笔。2015 年，她的业务量在农行浙江省分行中排名第一，并创造温州分行业务量最高纪录：单日业务量 506 笔。高效、准确的服务让客户的等待时间、办理时间明显缩短。随着柜员、理财经理、客户经理等岗位的经验叠加，她总结提炼出一套行之有效的“洋葱”工作法，这套工作法在农行浙江省各分行进行推广学习。2023 年 11 月，“黄丽娜劳模创新工作室”挂牌成立，她带领团队建立“劳模接待日”“榜样八小时”等特色工作机制，持续扩大工作法的传播效应，不断为金融行业提供新的发展思路和内生动力。

工/匠/寄/语

不会就学，不行就练
刻意练习，及时复盘
做一个“事事有回应，件件有着落”的银行人

黄丽娜

目　录
Contents

引　言
Introduction

在金融服务领域，高效的工作方法和卓越的服务质量对于提升客户满意度、增强市场竞争力具有至关重要的作用。随着金融行业的快速发展和客户需求的日益多样化，如何精准把握客户需求、优化服务流程、提升服务效率成为金融从业者面临的重大课题。黄丽娜的“洋葱”工作法，作为一种创新且高效的金融服务模式，正是在这样的背景下应运而生的。

黄丽娜的“洋葱”工作法，以其独特的“剥洋葱式层层剖析、梳理”理念为核心，将金融服务过程细分为岗前三备、营业三精、营销三感、班后三储四个层次，层层递进，精准高效。该工作法不仅注重个人能力的提升和心态的调整，更强调在业务办理过程中，通过精准识别客户需求、细致描绘客户画像、科学安排业务流程，为客户提供全方位、高质量、高效率的金融服务体验。

本书结合黄丽娜多年来的工作实践和经验总结，系统阐述了“洋葱”工作法的内涵、操作要点及实施效果。结合生动的案例分析和详细的流程讲解，帮助读者深入理解并掌握这一高效工作法，从而在金融服务领域实现个人能力和服务质量的提升。本书不仅适用于银行、保险、证券等金融行业的从业人员，也可为其他服务行业提供可借鉴、可复制、可推广的宝贵经验。

第一讲

工作法起源与核心理念

一、起源背景

1. 金融服务的转型与挑战

在如今快速变化的金融服务行业中，客户需求日益多样化与个性化，对金融服务的质量和效率也提出了更高的要求。传统的金融服务模式已难以满足市场的快速响应和客户体验的深度优化的需要。面对这一挑战，众多金融机构和从业者都在积极探索新的服务模式和工作方法，以期在激烈的市场竞争中脱颖而出。

黄丽娜，作为一名有着多年金融行业服务经验的一线人员，不断地创新实践以及对工作进行复盘提炼，总结出一套高效、系统的金融服务工作法——“洋葱”工作法。这个工作法不仅是对传统金融服务模式的深刻总结与革新，更是对当前金融服务行业特点和客户需求精准把握的体现。

2. 工作法命名

2022 年，中国农业银行温州分行为了进一步强化发挥劳模工匠的示范引领作用，由分行工会牵头，根据黄丽娜的工作特点和方式技巧，与黄丽娜共同总结提炼出“洋葱”工作法，并在农行浙江省分行全面推广，在农业银行全系统进行交流，实现劳模工匠先进工作法在全农行系统的共享。

“洋葱”工作法以黄丽娜积累的工作经验为基础，分行工会开展工作经验提炼。一是围绕核心业务，组建小组，通过基层调研、系统总结，进一步厘清其工作经验、方法思路；二是将工作经验具象化、品牌化和规范化，同时在深入学习中实现可复制、可操作的功效；三是“洋葱”工作法的命名，源于黄丽娜对服务过程的深入理解和形象比喻。金融服务如同剥洋葱，只有层层深入，细致入微，才能直达客户内心，提供真正贴心、高效、高质量的服务。因此，黄丽娜将这一工作法分为四个层次，即岗前三备、营业三精、营销三感、班后三储，每个层次都紧密相扣，共同构成了高效的金融服务模式。

二、核心理念

1. 以客户为中心的服务理念

本工作法的核心理念在于“以客户为中心”。金融服务的本质是满足客户的基础需求和综合需求，提升客户体验。因此，在工作法的每一个环节，始终将客户需求放在首位，通过精准识别、细致服务和持续关怀，努力为客户创造超越期望的价值。

在具体操作中，要注重通过系统感知、工具感知和信息感知等多种方式，全面了解客户需求，描绘客户画像。同时，在服务过程中要注重细节，关注客户的每一个细微需求，用心为客户提供个性化的服务方案。

2. 高效与精准的服务模式

除了以客户为中心，本工作法还强调高效与精准的服务模式。金融服务行业的高效率和高精准度是赢得客户信任和市场口碑的关键，因此，要注重将复杂烦琐的业务流程进行精细化拆解和组合优化，通过标准化操作和流程化管理，提高服务效率和质量。

此外，要利用现代科技手段提升服务精准度。通过利用银行的智能系统、数据分析等先进技术，对客户需求进行精准分析和预测，为客户提供更加贴心、高效的服务体验。

3. 不断学习与自我提升的职业精神

本工作法的另一个核心理念是不断学习与自我提升。金融服务行业是一个充满挑战和机遇的领域，只有不断学习新知识、新技能，提升自我综合能力，才能跟上时代的步伐，满足客户不断变化的需求。

因此，要注重培养学习能力和创新意识，通过参加各种培训、交流活动和自学等方式，不断提升自己的专业素养和综合能力。同时，还要积极分享自己的工作经验和心得体会，与他人共同学习、共同进步。

第二讲

岗前三备：高效金融服务的基石

一、备工具：时间管理的艺术

“工欲善其事，必先利其器。”在不同岗位上，有着不同的“通关”工具，要在开启工作之前准备到位，以应对不时之需。在银行业这一服务密集型行业中，高效的工具应用与时间管理对于提升客户服务效率至关重要。作为银行的一线工作人员，无论是柜面工作人员还是客户经理，面对客户时展现出专业与从容的面貌，在很大程度上源于上班前的充分准备。

1. 柜面工作工具包

柜面是银行与客户接触的最前线，也是一家银行网点的服务窗口，每一项操作都直接关系到客户的体验与满意度。因此，一个井然有序的柜面工作工具包是高效服务的基石。

（1）日常凭证的充足准备

在日常的柜台业务办理中，农业银行业务常用、普遍的凭证为 A5 单联和三联的业务凭证、

A4 单联和三联的业务凭证。这些凭证应被整齐地放在触手可及的位置上，并且准备充足的数量，可以确保业务的顺利开展以及凭证的正确使用（见图 1），特别是在应对高峰时段的业务需求时，更能直接体现出这样操作的高效和便利。这样的准备不仅能减少因寻找凭证而浪费的时间，还能在客户面前展现出专业与高效的服务素质。

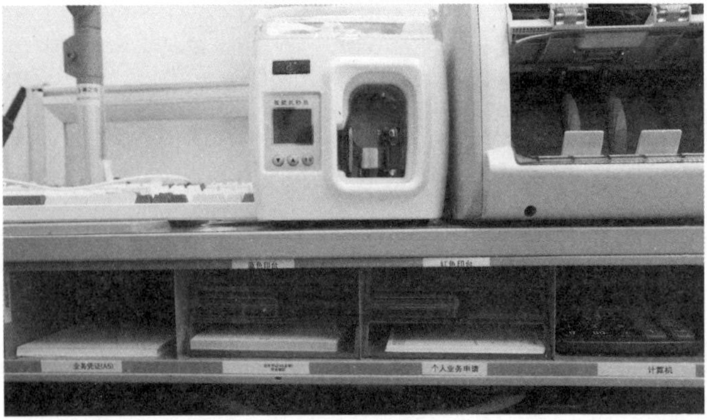

图 1　日常凭证和工具准备充分

针对不同网点的客户对业务需求的不同，柜

面工作人员可以根据经验和办理情况，优先选择合适的凭证分门别类地放在顺手的位置上，并做好凭证类别的标识记录。这个习惯不仅可以提高工作效率，也在岗位轮岗、交接时方便下一位人员的衔接工作。

（2）特殊凭证的未雨绸缪

除了日常用到的业务凭证，准备好一些使用频率相对较低的申请表也是提高效率的重点之一。在农行的业务办理中，个人业务申请表、告知书、调查表等凭证使用频率相对较低，一旦遇到需要这些凭证的情况，便能够迅速找到并投入使用，将极大地提升客户满意度，避免让客户等待或多次往返。

（3）辅助工具的全面检查

柜面工作除了业务知识储备、业务凭证准备，辅助工具准备（见图2）也是至关重要的。辅助工具包括：捆钞带、装钞袋、计算器、印泥等。在每天上班前，对这些辅助工具进行全面检查，确保数量充足且质量良好。一个整洁、有序的柜台，不仅能让柜面人员工作更加顺畅，还能给客户留下良好的第一印象。

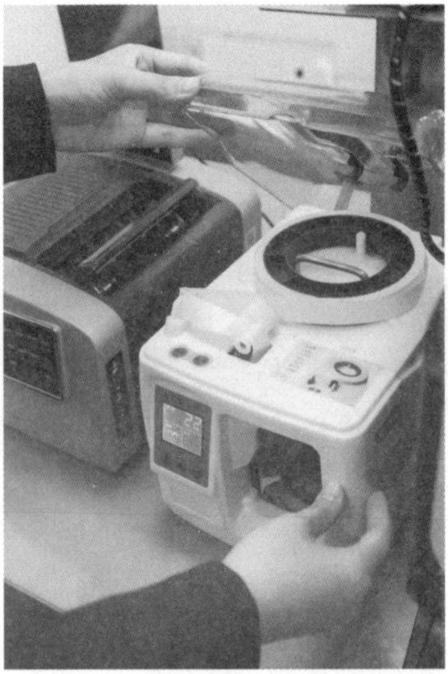

图 2　班前辅助工具整理准备

2. 客户经理（理财）工具包

客户经理不仅需要具备专业的金融知识，还

需要具备敏锐的市场洞察力。一个精心准备的客户经理（理财）工具包，是提升服务质量和客户满意度的关键。

（1）理财产品的重点推荐

作为负责理财方面的客户经理，必须有“每日新、日日新”的宏观理财观念，对本行理财产品熟记于心，对宏观社会情况及时更新了解。此外，还要做好面对各类客户对理财的不同需求（如风险承受力、持有期限、购买金额等）的有效反馈。

每天上班前，客户经理可以整理一份按期限长短排序的今日重点推荐理财清单，作为自己的备忘录笔记。同时，整理一份“每日要闻”“今日金价”“财经快评”信息：“每日要闻”即通过在互联网上收集一些关于社会、经济类的新闻资料，以一句话的形式总结关键点；“今日金价”即把每天的黄金挂牌价进行实时更新，并结合实物黄金、结售汇牌价、外汇牌价等内容做成一页纸信息，方便自己和客户了解金价情况；“财经快评”即根据对当日金融市场的总结分析，跟着“财经达人”学习写一份关于财经类的总结评价，以此练习金融分析总结能力和与客户的沟通能力。以上这些清单不仅能帮助客户经理在推荐产品时更加清晰、有条理，还能帮助客户经理在客户面前展现出专业与用心的素养。同时，随着市场的变化和产品的更新，这份清单也应实时调整，确保信息的准确性和时效性。

（2）利率表的实时更新

利率表主要是存款利率表，包括一年、两年、三年等不同期限的利率，它是客户经理在为客户提供存款、贷款等金融服务时的重要参考。每天上班前，客户经理应检查并更新利率表，特别是要关注当前重点工作的一些办理要求和额度情况，有助于客户作出更加明智的金融决策。

（3）基金投资建议表的整理

随着金融市场的不断发展，基金投资已成为越来越多客户的理财选择，而银行作为基金的代销机构之一，经常会有客户前来网点咨询。客户经理应根据市场趋势和客户需求，整理出不同风格、不同投资方向的基金投资建议表。这份表格应包含基金的名称、类型、历史业绩、风险等级等关键信息，以便客户在作投资决策时能够有据可依。

3. 随身“小本子”

在繁忙的银行工作中，一个随身携带的“小本子”是时间管理的秘密武器。通过合理规划和管理时间，柜面工作人员和客户经理都能更加高效地完成工作任务，提升客户服务效率。

把随身“小本子”进行分页管理制作：

第一模块：今日必完成工作。

这一模块主要是整理归纳一个“四象限时间

管理法”，这个方法嵌入“洋葱”工作法中，体现了“洋葱”工作法不只是一种工作法，更是汇集了多种优秀经验方法的综合总结。

通过“四象限时间管理法”整理形成“四象限工作本”（见图3），根据工作缓急划分为重要紧急、重要不紧急、紧急不重要、不重要不紧急四个层面。每天早上正式营业前，提前打开“四象限工作本”，先简单整理一遍昨日留下的没有完成的事项，然后把下班期间手机微信客户遗留的未解决的疑问记录下来，再把今天打算做的事项分类，有了这些动作之后，一天的工作效率就会提高不少。

通过上述的“四象限工作本”登记前一日未完成的事项、今日新增的工作以及手机微信客户和来电客户需要解决的疑问等，列出清晰的任务清单，可以更好地把握工作节奏，确保每一项任务都能得到及时处理。同时，这也有助于培养责任感和执行力。

四象限时间管理法

Date:　　　　SUN MON TUE WED THU FRI SAT

重要　不紧急	重要　紧急
1. ________ □	1. ________ □
2. ________ □	2. ________ □
3. ________ □	3. ________ □
4. ________ □	4. ________ □
5. ________ □	5. ________ □
6. ________ □	6. ________ □
不重要　不紧急	**紧急　不重要**
1. ________ □	1. ________ □
2. ________ □	2. ________ □
3. ________ □	3. ________ □
4. ________ □	4. ________ □
5. ________ □	5. ________ □
6. ________ □	6. ________ □
每日小结：	

图 3　四象限工作本内容

第二模块：今日客户来访记录。

这一模块用于记录来访客户的名字、办理的产品以及聊天中的重要信息等。通过详细记录客户的信息和需求，可以更好地了解客户，提供更加个性化的服务。一方面，根据记录内容给客户做复盘，告知客户当日办理的业务详细信息，从而让客户对自己选择的产品有更深入的了解，真正实现“我推荐，客户选择”的维护理念；另一方面，客户来访记录便于对其进行后续对接。此外，这些信息还可以作为日终闭环的依据，确保每一项服务都能圆满完成。

第三模块：今日业绩。

这一模块用于记录本网点产品业绩表和上级行的各种产品登记表。通过实时更新业绩数据，可以更好地掌握市场动态和客户需求变化，为后续的营销和服务提供有力支持。同时，这也是对自己工作成果的一种肯定和鼓励。

综上所述，作为银行的一线工作人员，无论是柜面工作人员还是客户经理，都应在上班前做好充分准备，显著提升客户服务效率和质量，以此不断提升自己的专业素养和服务水平，为客户提供更加优质、高效的金融服务。

二、备技能：提升服务效率与质量的关键

在银行这个服务密集型行业中，无论是柜面工作人员还是客户经理，都需要具备高效、准确处理业务的能力，以及灵活应对客户需求的技巧。这就要求银行工作人员熟练掌握各类业务知识和操作流程，在技能准备上做到未雨绸缪，确保在日常工作中能够迅速响应客户需求，提供优质的服务体验。

1. 柜面工作：备好表格模板

（1）常用模板表格的准备

每天营业前，柜面工作的首要任务是打开并

准备好工作中常用的文档、EXCEL 表格以及网页链接。如图 4 所示，常用模板表格是提升业务处理效率的关键，这份表格通常包含了多种业务凭证的打印模板，如尽职调查表、个人税收声明、表外登记、历史明细查询申请表等 20 余种，以及运营响应平台等 14 种业务系统的登录链接。通过预先设定好的模板，柜面人员只需录入客户的基本信息，即可自动生成各类业务所需的协议文本，大大减少了手工填写的时间和可能出现的错误，提升业务处理的准确性和效率。

图 4　用常备模板表格向客户介绍业务

（2）自制打印模板的创新应用

除了常用的模板表格，柜面人员还可以根据业务发展的需要，自行设计并制作一些打印模板，这些模板通常针对特定的业务场景或客户需求。通过自制模板，柜面人员可以更加灵活地处理业务，减少手工填单的烦琐程序，同时提升表单的专业性和美观度，给客户留下良好的印象。

（3）模板的维护与更新

随着银行业的不断发展和新政策的出台，原有的模板可能需要进行调整或更新。因此，柜面人员应定期检查和更新模板内容，确保其与最新的业务流程和政策要求相匹配。同时，也要关注客户反馈，不断优化模板设计，使其更加符合客户的需求和期望。

2. 客户经理（理财）：备好客户维护表

（1）客户维护表的准备

对于负责理财业务的客户经理而言，客户维

护表是日常工作中不可或缺的工具。这些表格通常包括理财余额表、定期余额表、客户资料维护表、业绩登记表、产品客户清单等。通过定期查看和分析这些表格，客户经理可以全面了解客户的资产配置需求、投资偏好，为后续的营销和服务提供有力的数据支持。

（2）业务系统的应用

除了表格，客户经理还应充分利用行内的各种系统资源，如银行业务系统、联系电话查询系统、理财产品信息查询系统等。这些系统资源不仅提供了丰富的业务信息，还能够帮助客户经理快速获取所需数据，提高工作效率。

（3）客户关系的深化与维护

通过客户维护表和系统资源的利用，客户经理可以更加精准地识别客户需求，提供个性化的投资建议和服务。同时，客户经理还应注重与客户的沟通和交流，定期回访客户，了解他们的最新需求和反馈，及时调整服务策略，深化客户关系管理。

3. 一页纸营销法

（1）一页纸营销法的概念

一页纸营销法是一种简捷高效的营销方式，它将各种在为客户及时提供业务服务中可能用到的二维码、链接等信息整合在一张 A4 纸上，也可以拼图后打印，方便客户快速获取所需信息。这种贴心的营销方式不仅减少了客户查找信息的时间成本，还提升了客户的体验感和满意度。

（2）整合营销资源的技巧

在准备营销一页纸材料时，客户经理和柜面人员需要仔细筛选和整合各种行内资源与活动。例如在农行，这些资源包括通过手机银行扫描二维码领小豆活动、手机银行 App 下载二维码链接等。通过合理的排版和设计，使一页纸营销材料既美观又实用。

（3）营销材料的更新与分发

随着银行业务的不断发展和新产品的推出，一页纸营销材料也需要及时更新。客户经理和柜面人员应及时关注银行的营销动态和新产品信息，确保营销材料的时效性和准确性。同时，在客户有需求的时候，将这份材料以电子版或者纸质版的形式提供给客户，提高客户的参与度（见图5）。

图5 通过一页纸营销材料及时回应客户需求

“洋葱”工作法认为技能准备是银行工作人

员提升客户服务效率和质量的基础。这些技能准备措施既能为客户提供更加个性化的服务体验，也有助于提升银行的整体服务水平和竞争力，为银行的高质量发展奠定坚实的基础。

三、备心态：积极面对方能从容应对

在当前银行网点工作压力日益增大的背景下，银行工作人员的心态准备显得尤为重要。积极的心态能够帮助工作人员更好地应对工作中的挑战和压力。同时，作为银行营业窗口的一线人员，其服务态度、专业技能以及心态直接影响客户对银行的印象和满意度。这些心态的准备，可以帮助网点人员更好地面对工作中的挑战和压力，提高工作热情和效率。

1. 心态自信、情绪积极：构建良好服务氛围的基石

银行工作人员面对客户的各种需求和问题，

需要保持自信的心态，以乐观的态度去面对。工作人员还能把这种积极的情绪传递给客户，使客户感受到银行的温暖和关怀。

银行工作人员需要对自己的专业能力充满自信，相信自己能够为客户提供优质的服务。这种自信不仅来自对业务的熟悉和掌握，还来自对银行文化的认同和自信。当工作人员对自己的工作充满自信时，他们能够更加从容地面对客户，更加准确地理解客户的需求，从而提供更加个性化的服务。

2. 工作主动、执行迅速：提升服务效率的关键

银行工作人员需要保持主动性。主动性不仅体现在对客户的需求和问题的积极响应上，还体现在对工作的前瞻性和创新性上。工作人员要主动去了解客户的需求，主动去寻找解决问题的方法，主动去思考如何提升服务质量。这种主动性能够激发工作人员的创造力和创新精神，在工作中变得更加出色。

时间就是效率，工作人员保持高效的执行力，确保客户的需求和问题能够在最短的时间内得到解决。执行迅速不仅要求工作人员具备扎实的专业技能和丰富的业务知识，还要求其具备良好的沟通能力和协调能力。

3. 认真专注、井然有序：确保服务质量的核心

银行工作人员需要时刻保持专注和认真，在处理客户的业务、解答客户的问题时，确保每一个细节都得到妥善处理。认真专注的工作态度能够确保服务的准确性和安全性，避免因为疏忽大意而导致失误和纠纷。同时，井然有序的工作环境和工作流程是提高服务质量的重要保障。工作人员要保持工作环境的整洁和有序，确保各项业务的顺利开展。

4. 勤思好学、脚踏实地：持续进步的源泉

银行工作人员需要保持学习和思考的习惯。

随着金融市场的不断变化和客户需求的日益多样化，工作人员要不断地更新知识和技能，更好地理解客户的需求和市场的发展趋势，从而提供更加前瞻性的服务。

此外，脚踏实地的工作态度是成功的关键。工作人员将所学知识和技能运用到实际工作中，通过实践不断检验和完善自己的知识体系。这种脚踏实地的工作态度能够让工作人员更加稳健和可靠，赢得客户的信任和尊重。

5. 谦虚包容、忠诚感恩：构建和谐工作氛围的保障

银行工作人员需要保持谦虚和包容的心态。面对客户的批评和建议，虚心接受并努力改进；面对同事的不同意见和观点，尊重并尝试理解。谦虚包容的心态能够营造和谐的工作氛围，增强团队的凝聚力和向心力。同时，还能够让工作人员更加开放和包容，接受更多的新思想和新观点。

忠诚和感恩是银行工作人员都应该具备的品质。忠诚于银行的事业和团队的发展，积极贡献自己的力量和智慧；感恩于银行的培养和同事的帮助，珍惜每一次学习和成长的机会。忠诚感恩的心态能让他们在工作中更加投入和专注，也能让他们感受到更大的幸福感和满足感。

第三讲

营业三精：层层组合，碎片时间巧利用

一、精心：提前观察巧判断，预见服务需求

1. 细致观察，预判业务类型

当客户踏入银行大厅时，柜面工作人员和客户经理应立即启动“观察模式”。通过观察客户携带的物品和其行为举止，初步判断其所需办理的业务类型。例如，手提现金的客户很可能需要办理存款业务，而拿取了转账和汇款申请单的客户，则大概率是结算户。这种预判不仅能够帮助工作人员提前准备受理业务所需的材料和工具，还能有效缩短客户等待的时间，提升服务体验。

2. 预先准备，提升服务效率

在预判业务类型后，工作人员应立即着手准备相应的业务凭证和工具。例如，对于存款业务，可以提前将存款凭条放入打印机内；对于结算业务，可以提前准备好转账申请单和相关的结算工具。这种预先准备的工作习惯，能够在客户正式办理业务时，迅速响应其需求，减少因寻找

和准备材料而浪费的时间。

二、精准：业务流程巧运筹，优化服务流程

1. 抓住空隙，穿插办理

在日常业务办理过程中，客户填单签字、密码输入、凭证打印、授权等候等环节往往存在空隙时间，这些看似短暂的时间片段，实际上是提升业务办理效率的最佳机会。柜面工作人员应充分利用这些空隙时间，穿插进行键盘输入、凭条排序、业务营销、联动叫号等工作。例如，在客户输入密码的同时，可以准备取款凭条；在授权等候时，可以进行信用卡、定期存款等产品的介绍宣传。

2. 细化流程，提升效率

对于不同类型的业务，应制定详细的操作流程和步骤。例如，在办理存款业务时，可以在点钞的同时整理存款凭条；在办理取款业务时，可

以在客户输入密码的同时准备取款凭条，并向客户介绍农行的新产品；在办理挂失业务时，可以在询问客户账户信息的同时准备打印凭证等。这种细化流程的工作方法，确保每一步操作都紧凑有序，减少不必要的等待时间。

实际案例：①客户来网点办理存款10万元的业务。柜面工作人员在点钞点完9万元时，可以进行业务系统的键盘输入。在客户对业务进行确认后，工作人员开始打印回单，此时就可以整理刚刚在扎捆的最后1万元纸币。②客户来网点办理支取10万元的业务。当客户在输入密码时，工作人员就可以先准备10万元现金，因为该笔业务是需要远程授权的，那就直接把钱放在授权区域内，客户对输入内容进行确认后，便发起授权申请，在等候授权时把装钞袋先给客户，同时可以进行适当的信用卡、定期存款等产品的宣传介绍。③在办理完一项业务，业务回单打印完之后，工作人员便可以迅速叫号，这样下一位客户就可以准备到窗口前等候业务办理。

3. 灵活应变，优化服务

在实际操作中，工作人员应根据客户的具体情况和需求，灵活调整服务流程。例如，对于老年人或行动不便的客户，可以适当延长服务时间，为特殊客户群体提供更多的帮助和指导；对于紧急需要办理业务的客户，可以优先处理其需求，确保服务的及时性和有效性。

三、精确：后序业务巧铺垫，提升服务品质

1. 统筹安排，梳理流程

在受理复杂业务时，工作人员应首先梳理当前业务的办理顺序和途径，确保每一步操作都准确无误。同时，应统筹安排后序业务的办理，做好客户信息的登记和采集工作。例如，在办理长期不动的惠农卡挂失销户业务时，按照解冻、挂

失、子账户销户、销户的顺序进行操作。通过梳理流程，工作人员能够清晰地掌握每一步操作的具体内容和要求，确保业务办理的准确性和高效性。

2. 记录流程，积累经验

对于复杂或棘手的业务，工作人员应养成记录流程的习惯。通过详细记录每一步操作的具体内容，不断积累经验，提高业务处理的熟练度和准确性。同时，将记录下来的流程进行分享和交流，帮助其他同事共同提升业务水平。

3. 提前沟通，做好铺垫

在受理需要上门服务的业务时，如聚合码申请上门拍照等，工作人员应提前与客户建立联系，明确服务时间和地点。通过提前沟通，确保服务人员能够准时到达客户指定地点，避免因找不到客户或客户不在场而浪费时间和资源。同时，利用这个机会向客户介绍服务内容和流程，增强客户的信任度和满意度。

此外，在日常工作中，还需要定期进行复盘，回顾各个操作流程，逐渐熟练掌握各项业务。如果是新业务，对照笔记看看是否记录完整；如果是老业务，再浏览一遍，加深印象；有疑惑的，请教业务熟练的同事解答疑问。在回顾操作流程时，重点检查、复核是否有更优化的方法解决问题。

“精心、精准、精确”是在营业中提升客户服务效率和质量的关键所在。通过“三精”方式，充分利用碎片时间，优化服务流程，提升服务品质。

第四讲

营销三感：多重感知，客户画像细致描

“君子生非异也，善假于物也。”营销三感这个层面的核心在于，银行工作人员需要通过系统感知、工具感知和信息感知来细致地描绘客户画像。这就像是洋葱的内层，帮助工作人员更加深入地了解客户。

一、系统感知：加强针对性服务

通过了解客户，可以满足客户对金融业务的实际需求和潜在需求，开展针对性的产品推荐和介绍。在柜台办理业务，柜面工作人员拿到客户的银行卡和身份证进行业务办理时，要善于根据系统的信息推荐和数据总结，与客户进行良好沟通，了解客户的业务办理偏好、资金配置习惯，及时响应客户对资金的合理配置需要。

例如，当客户前来办理现金业务，并且咨询是否有适合其平时资金使用情况的定期存款时，工作人员可以根据系统推荐和系统信息预设，向该客户推荐期限适宜的定期存款业务。又如，对于有进行跨境交易的客户，客户经理可以主动介绍银行的跨境金融服务，包括汇率优惠、快速汇款等，从而满足客户多层次、多样化的需求。

同一名客户在同一家银行办理业务，由于客户经理的业务水平不同，其所感受到的银行服务可能有很大的差别，因此，银行工作人员对银行自身系统要非常了解和熟练应用，不仅是为了产品营销，更是为了更好地满足客户需求。

二、工具感知：提高服务效率

立足实体网点，用好厅堂工具。在实体网点中，要充分利用现代科技手段，如“智慧迎客”系统、超级柜台、智能叫号机等设备，实现对到访客户的精准感知和高效服务。

在厅堂内，利用“智慧迎客”系统营销工具，通过超级柜台、智能叫号机等渠道触客数据，实时感知到访客户画像，结合厅堂平板电脑在线营销和平板电脑离线时营销宝接收信息相结合的规定动作，做好掌银客户精准拉新、促活，提升网点营销效能。要让客户知道，工作人员已经做好随时为其服务的准备。

此外，工作人员还可以利用银行的自助服务设备，减轻柜面工作压力，提高服务效率。客户可以通过超级柜台完成开户、转账等常见业务操作，无须长时间排队等待。超级柜台还提供了丰富的产品信息和操作指南，帮助客户更好地了解和使用银行服务。

三、信息感知：做好日常维护

1. 记住新客户，提升初次见面印象

对于新客户，银行工作人员可以通过笔记、电子表格等方式加深对客户的印象。当客户再次来到网点时，工作人员能够准确叫出客户的名字

或使用亲切的称呼，如“建国大哥”“秀娟阿姨”，这种个性化的服务方式能够迅速拉近与客户之间的距离，提升客户的信任感和归属感。

2. 抓住面对面了解认识的机会

在与客户面对面交流时，可以主动提出添加微信好友的请求。微信作为现代人沟通交流的主要方式，具有即时性、便捷性等优点。工作人员通过微信随时随地与客户保持联系，及时解答疑问和需求，从而建立更加紧密的客户关系。

3. 做好日常维护管理

定期通过电话联系的方式对客户进行回访和关怀，这种主动式的服务方式能够及时了解客户的最新需求和反馈。工作人员对客户进行不同需求的分类，为不同层级的客户提供更加个性化的服务方案。

4. 后端维护做到事事有回应

在后端服务方面，银行工作人员始终秉持

“事事有回应、件件有着落”的原则。首先，对于客户提出的问题和需求，要认真记录并及时处理；其次，对于暂时无法解决的问题，工作人员要积极寻求解决方案并在第一时间回复客户。

通过多重感知的综合运用，银行工作人员能够更深入地了解客户需求，提供更精准的服务方案，优化客户体验并增强客户黏性。

第五讲

班后三储：
创造价值，小“洋葱”
作大贡献

班后三储这个层面的核心在于，银行工作人员在下班后还需要做好客户黏性提升，用专业的知识和真诚的服务走进客户心里，从而留住客户。这就像是洋葱的核心，帮助银行工作人员建立长期稳定的客户关系。

一、储客群：客群管理增强客户信任度

在数字化时代，微信已成为人们日常生活中不可或缺的社交工具。作为银行工作人员，应充分利用这一社交平台，扩大客群，增强与客户的沟通。

1. 精准添加，破冰开场

每当有新客户或老客户长时间未联系时，作为客户经理可以主动发送微信好友添加申请，申请理由可以亲切又专业：“您好，我是黄丽娜，农行温州瑞安仙降支行客户经理，眼镜党一枚，对贷款、理财等知识颇为熟悉，欢迎您来银行找

我聊聊。”这样的开场白既拉近了与客户的距离，又展示了客户经理的专业背景。

2. 温馨问候，建立联系

申请通过后，可以继续发送问候语：“您好，我是黄丽娜，农行温州瑞安仙降支行客户经理，办公地点在 ×××（具体地址）。我戴着眼镜，齐刘海儿，不高不胖，怕您一时想不起来，哈哈。最近有空闲时间，我打开了 CRM 系统，发现您已经很久没有来办理业务了，担心您会错过我们的最新服务，于是就添加了您的微信，没想到您这么快就通过了，真是开心！”这样的问候既体现了工作人员的细心与热情，又为客户提供了再次接受服务的机会。

3. 专业介绍，传递价值

在首次自我介绍时，可以详细阐述银行提供的“专属服务计划”：“您可能会好奇，为什么我会急着加您的微信。其实，随着互联网的发展，网银、手机银行等线上操作越来越便捷，但这也导致了很多客户很少来网点办理业务。为了解决这个问题，我们网点提出了‘专属服务计划’，由我这样的专业人员为您提供远程服务，让您足不出户就能办理各种金融业务。例如，如何在网银和手机银行上安全快捷地办理业务？如何更安全地使用银行卡？如何摆脱‘月光族’的困境？如何管理好自己的钱袋子？如何更稳妥地投资基金？如何配置保险才能避‘坑’？我会通过微信朋友圈分享和信息推送，与您分享必要的金融知识和资讯，让您即使不来银行，也能作出正确的财务决策。”上述内容可以用分段、分条的方式与客户进行沟通，不用一次性说完，不然显得又长又多，反而让人不想再进行下一步沟通。

4. 专属名片，快速建立信任

为了更快赢得客户的信任，客户经理还可以制作专属的微信版名片，内容包括个人照片、职务、手机号码、网点地址、提供的服务等。这样的名片不仅方便客户联系，还通过自我展示的方式，让客户感受到银行客户经理的真诚与专业。

二、储资料：标签化管理提高维护效率

资料的管理与维护是提升客户服务效率的关键。通过标签化管理的方式，对微信客户进行细分，提高维护效率。

1. 细致分类，精准服务

通过前期客户的微信联络，可以将客户按照理财、商户、基金、保险、定期等类型进行分类标签管理。客户经理据此能够清晰地知道每个客户的类型、风险偏好以及持有的产品等信息。在需要对特定客户发布他们关注的信息时，就可以直接选择标签发送，无须逐一单独选择，大大提高了工作效率。

2. 详细备注，避免尴尬

在添加微信好友时，一定要做好详细的备注，包括手机号、出生年份、本/外地归属以及性别等。这样的备注不仅有助于快速识别客户，还能避免由误解导致的尴尬。例如，有些客户的名字比较难区分性别，或者从头像上无法准确判断其真实年龄，通过备注就能准确识别，避免因为误会年龄、性别等问题产生尴尬。

3. 流程整理，快速响应

面对微信中大量的未读信息，通过整理操作流程的方式提高回复效率。将各种业务流程整理成册，并命名存储在相册中。例如，在农行手机银行中如何查询征信报告、如何解锁银行卡密码、如何查询账户明细、如何购买理财产品等内容。当客户咨询时，直接在相册中找到相应的操作流程，一键发送给客户，快速满足客户的需求，客户经理也不会因此占用过多时间。简化流程的核心在于把时间花在整理的“1”上，之后才能添加无数个“0”。

4. 常见问题，快速解答

对于经常被客户问到的问题，可以将答案保存在备忘录或收藏夹中，并清晰地命名，方便查找。例如，客户询问农行目前的贷款利率、企业的对公开户需要准备哪些资料、理财产品为什么不保本等问题，可以在收藏夹中快速找到答案并发送给客户。

三、储黏性：知识分享建立有效链接

知识赋能与分享是建立客户链接、提升客户黏性的有效途径。

1. 精心“浇灌”朋友圈

精心“浇灌”朋友圈是一个建立链接的重要途径。例如，在朋友圈分享财经知识、发送祝福手账等内容，达到与客户产生空间链接的效果。

每逢节假日，利用前期的分标签优势，群发专属银行人的祝福手账。这些祝福不仅能体现客户经理的细心与专业，还能增进与客户的感情。在 5 月 8 日微笑节时，可以发送祝福信息：“亲爱的朋友，今天是世界微笑日哦，愿您笑容灿烂如花。如果您有银行方面的问题，欢迎随时找我，我是您的金融小管家。”这样的祝福既温馨又专业，可为客户经理赢得客户的良好印象。

2. 及时响应的后续服务

对于客户在微信上咨询的问题，一般尽快给予回复；对于当时无法解决的问题，可以将客户微信置顶或标注为未读模式，以便及时跟踪处理。同时，可以设置提醒功能，确保在约定的时间内给予客户反馈。

3. 巧用新媒体分享

为了更好地与客户建立链接，客户经理可以采用视频录制的方式，将当下的经济热点做成短视频进行分享。这些短视频应当既生动有趣又贴近实际，可通过视频号或朋友圈推送金融小知识、防洗钱防诈骗小常识等内容，帮助客户提升金融素养，扩宽金融知识的获取渠道。

通过“班后三储”的实践与探索，是与时俱进的金融创新服务模式与方法的总结提炼，也是专业素养和服务能力的自我提升，最终目的都是落实“以客户为中心”的高效率、高质量服务理念，成为客户心中最值得信赖的金融伙伴。

后 记

2014年，我成为农行温州分行历史上首位年度业务量超过10万笔的柜员。这个数字的背后，是我对工作的热爱与执着，更是对“精准、高效、贴心”服务理念的坚守。我又开始思考如何提升服务效率，如何更好地满足客户的多元化需求，如何将经验总结成可复制、可推广的方法，带动更多的银行人共同提升技能。

于是，“洋葱”工作法应运而生。这一工作法，如同洋葱一般，层层剥开，每一层都有其独特的内涵与价值，共同构成了我的金融服务工作的精髓。这个工作法以“精准、高效、贴心”为核心，通过细分客户需求、优化服务流程、强化团队协作等手段，实现了金融服务的精细化与高效化。在实践中，我不断地调整与完善这个工作法，确保它能够真正地落地生根，为客户带来实实在在的便利与价值。

回望这段经历，我深知每一个成功的背后都凝聚着无数的汗水与努力。这本书不仅是我个人工作经验的总结与提炼，更是对那些与我并肩作战、共同成长的同事们的致敬与感谢。他们的支持与鼓励，让我有勇气去尝试、创新；他们的指导与建议，让我不断地修正与完善自己的工作法。

未来，金融服务的道路依旧漫长且充满未知，但我相信，只要我们保持对工作的热爱与执着，不断地学习与创新，就一定能够在这条道路上走得更远、更稳。我也希望这本书能够成为广大金融服务从业者的一本实用指南，为他们的工作带来启发与帮助。

最后，我要感谢每一位阅读这本书的读者，期待在未来的日子里，我们能够携手共进，共同推动金融服务行业的繁荣发展。

黄丽娜

2024 年 8 月

图书在版编目（CIP）数据

黄丽娜工作法：洋葱式四层精剥金融服务 / 黄丽娜著. -- 北京：中国工人出版社, 2024.11. -- ISBN 978-7-5008-8545-0

Ⅰ. F830

中国国家版本馆CIP数据核字第20247C9N90号

黄丽娜工作法：洋葱式四层精剥金融服务

出 版 人　董　宽
责任编辑　孟　阳
责任校对　张　彦
责任印制　栾征宇
出版发行　中国工人出版社
地　　址　北京市东城区鼓楼外大街45号　邮编：100120
网　　址　http://www.wp-china.com
电　　话　（010）62005043（总编室）
　　　　　（010）62005039（印制管理中心）
　　　　　（010）62379038（职工教育编辑室）
发行热线　（010）82029051　62383056
经　　销　各地书店
印　　刷　北京市密东印刷有限公司
开　　本　787毫米×1092毫米　1/32
印　　张　2.875
字　　数　35千字
版　　次　2024年12月第1版　2025年5月第2次印刷
定　　价　28.00元

优秀技术工人百工百法丛书

第一辑　机械冶金建材卷

优秀技术工人百工百法丛书

第二辑　海员建设卷

优秀技术工人百工百法丛书

第三辑　能源化学地质卷

100 ARTISANS AND 100 TECHNIQUES SERIES
孙同根工作法
S Zorb装置优化
100 ARTISANS AND 100 TECHNIQUES SERIES
王月鹏工作法
基于绝缘平台的绝缘杆作业法
100 ARTISANS AND 100 TECHNIQUES SERIES
王跃工作法
滴定分析的判断与控制
100 ARTISANS AND 100 TECHNIQUES SERIES
杨新海工作法
车载移动测量技术在实景三维成果质量检验中的应用
100 ARTISANS AND 100 TECHNIQUES SERIES
杨义兴工作法
油田修井现场清洁生产技术应用
100 ARTISANS AND 100 TECHNIQUES SERIES
游弋工作法
煤矿供电系统防晃电设计与应用
100 ARTISANS AND 100 TECHNIQUES SERIES
余姝工作法
高陡峡谷区地质灾害调勘查

优秀技术工人百工百法丛书

第四辑　国防邮电卷

优秀技术工人百工百法丛书

第五辑　财贸轻纺烟草卷